I0447232

NO SEAS TONTO AHORA PUEDES ESCRIBIR UN EBOOK EN UN MOMENTO

Miquel J. Pavón Besalú

Geógrafo

www.posets.com

Dedico este libro
A mi hijo Néstor.

ÍNDICE

"Tengo 900 libros en mi biblioteca, 700 de ellos los he escrito yo mismo".
Henry David THOREAU

PRESENTACIÓN

Tengo un hijo adolescente que pertenece a la actual generación digital. No le gusta leer libros en el formato tradicional. Cada vez que le proponen hacer un resumen de algún libro no para de protestar. Pero, paralelamente, resulta que es un gran lector. Hay días que se pasa horas y horas leyendo en el Facebook o en los chats. Esto demuestra que el problema no es leer sino que seguramente el problema es del formato en el que se lee.

Si digo que quiero hablar de libros ya casi nadie me va a querer prestar mucho interés. Es un tema que no atrae mucho. En cambio, si digo que hablaré de cómo ganar dinero fácilmente seguramente todos me prestarán mucha más atención. Pero, si explico que la ganancia se puede obtener tranquilamente trabajando en pijama, unas pocas horas, desde casa y en los ratos libres creo que todo va a ser muy diferente. El tema puede acabar, incluso, como *trend topic*.

Lo que reúne las dos principales características citadas es el libro digital conocido también como *ebook*.

LIBRO TRADICIONAL VERSUS EBOOK

No hace mucho tuve que hacer un traslado de piso de los muchos que he tenido que hacer a lo largo de mi vida. El que haya hecho alguno sabe bien de lo que hablo. Lo peor de cualquier traslado suele ser mover los libros. En mi caso necesité casi 50 cajas contando que muchos acabaron en la basura. Intenté antes hacer un donativo a la biblioteca municipal pero me encontré con un problema administrativo serio. Para hacer un donativo de libros tenía que preparar una relación escrita de todo lo que quería dar. Con el jaleo del traslado es la última cosa que uno tiene ganas de hacer: burocracias. Por lo tanto, el primer problema con el que se enfrenta un libro es el peso y el espacio que ocupa. En lo que se refiere al espacio también hay que comentar algo importante al respecto. El libro que se pasa años almacenado en una biblioteca con el tiempo agarra polvo y pequeños bichos que hacen nidos rodeados en la abundancia de comida. El problema que representa limpiar una biblioteca, libro por libro, no se puede explicar si uno no lo ha vivido de cerca.

El libro digital en estos dos aspectos ya gana por goleada al libro tradicional. No pesa ni ocupa espacio físico. En realidad, en un lector digital o en un ordenador podemos llegar a tener miles de libros bien ordenados sin ningún problema en lo que se refiere a este aspecto.

El principal inconveniente que se le achaca al libro digital es la dificultad de lectura y que puede estropear la vista debido a la iluminación de la pantalla. En este aspecto hay que decir que la tecnología en los últimos 25 años ha mejorado como de la noche al día y todavía mejorará más. Recuerdo, como si fuera hoy, cuando trabajaba con unas pantallas que se las llamaba monocromas, es decir, un nombre simpático para no decir que en realidad eran en blanco y negro. Después se pasó a las pantallas en color de 16 a 256 tonalidades diferentes. Con el paso del tiempo se dieron cuenta que la gente se machacaba la vista con aquello porque en realidad eran tubos de rayos nocivos. Así que llegó el día que nos hicieron comprar a todos un estúpido protector de pantalla. Había que colgarlo como si fuera un jamón justo delante. Aquello era un mal invento porque no se veía un pimiento y si se veía algo era con molestos reflejos. En la actualidad los lectores digitales tienen un *display* que procura ganar a su inmediato competidor: el libro en papel. Pienso que el que lo prueba ya sale muy satisfecho del resultado que ya se ha conseguido hoy.

La verdadera cuestión diferenciadora, en estos tiempos de crisis, es el precio. Un libro en formato normal suele tener un precio que ronda los 20 euros mientras que podemos comprar exactamente el mismo libro en formato digital por unos 3 euros o menos. La diferencia no tiene color. El vertiginoso aumento de las ventas de los libros digitales se explica en gran medida por su precio.

¿QUÉ ESCRIBO UN LIBRO O UN EBOOK?

Visto fríamente en realidad da el mismo trabajo escribir un libro o un *ebook*. Tanto para una cosa como para la otra, hay que utilizar un editor de textos y teclear hasta que consideremos que ya hemos terminado. Pero en este aspecto aunque no lo parezca hay importantes diferencias a considerar.

• **En cuanto a la censura**: Seguramente no se trata de una censura en el sentido literal de la palabra. Pero está claro que para publicar un libro lo normal es que nos sea necesaria la aprobación de una editorial o un agente literario. El rechazo es muy alto. Es un mundo abierto únicamente a unos cuantos privilegiados. El libro digital no necesita ninguna aprobación por parte de nadie. Simplemente se sube a la red y se empieza a vender. Desde mi punto de vista pienso que se trata de una de las principales características a tener muy en cuenta.

• **En cuanto a la extensión**: Por regla general, un libro tradicional conviene que tenga un mínimo de páginas. Si vamos a una editorial con un texto de treinta folios lo más seguro es que piensen que les estamos tomando el pelo y nos manden a hacer gárgaras. En cambio, un ebook puede tener tranquilamente dos folios si nos viene en gana. Por ejemplo, podemos escribir una receta de cocina y colgarla en Internet para que pueda ser descargada por un céntimo de euro. Ningún problema.

• **En cuanto a los recursos**: El libro digital permite escribir textos de la misma forma que los libros tradicionales. Aunque la diferencia está en que permiten añadir toda una serie de nuevos recursos que los libros no podrán hacerlo nunca. El tema de las fotografías es un claro ejemplo. Poner fotos en un libro encarece su precio, poco a poco, hasta un punto que lo acaba haciendo inviable económicamente. El libro digital permite utilizar fotografías sin limitaciones de ninguna clase. El precio no se ve afectado si se pone una o mil fotos. Pero donde el libro tradicional ya pierde de largo es cuando se utilizan otros recursos que le son imposibles de utilizar debido a su propia esencia que son: los *links*, el audio, los vídeos o las presentaciones.

- *Links*: Un libro digital lo podemos llenar de enlaces que envíen al lector hacia una página web complementaria.
- *Audio*: Es un fenómeno que no ha tenido mucho éxito aunque existe la posibilidad de hacer lo que sería un audio libro. Hay que pensar que se trataría de un recurso muy interesante para todo un gran colectivo de discapacitados. Lo que sí que ha tenido mucho éxito es todo lo relacionado con el mundo de la música.
- *Vídeos*: Se puede hacer un vídeo libro o incluir vídeos en un libro digital en el lugar del texto que queramos.
- *Presentación*: Se puede hacer una presentación digital o insertar en cualquier parte del texto una presentación con imágenes.

• **En cuanto a la publicación**: Un libro tradicional puede tardar un mínimo de unas semanas sin contar el tiempo invertido en gestiones para conseguir que se publique. La publicación de un *ebook* es prácticamente inmediato.

• **En cuanto a la tirada**: Para un escritor desconocido si tiene la suerte que una editorial le asuma la publicación de su primer libro puede contar que le hagan como mucho mil ejemplares. De éstos se estima que, como promedio si van bien las cosas, se van a vender la mitad. Son muchos los autores que me han confesado que aún y tener el libro publicado en una buena editorial de prestigio al final únicamente les han acabado vendiendo 300 ejemplares y luego si te he visto no me acuerdo. Me temo que esta realidad está bastante comprobada. Al libro digital no le hace falta hacer una tirada. Simplemente se sube a la red y se hacen tantos libros como descargas se soliciten. Es una fórmula que funciona bajo demanda por lo que no existe un riesgo económico que tenga que asumir un editor.

Si el libro no tiene éxito no hay ningún problema. Fin. Pero si el libro tiene éxito tendremos que convencer al editor para que haga una segunda edición cosa que suele ser, en ocasiones, problemática.

El libro digital tiene la ventaja que una vez se ha puesto en Internet tiene un tiempo de vida indefinido. No es de medio año como podría ser un libro normal sino que puede estar a la venta un buen número de años, tantos como queramos.

• **En cuanto al rendimiento económico.**

- Para un libro normal un escritor suele acordar con la editorial unas ganancias del 10% de los libros vendidos. Si hacemos un cálculo rápido, con los datos explicados anteriormente, tenemos que de mil ejemplares que hace el editor, si van bien las cosas, venderemos la mitad, o sea, 500. Si el precio medio por libro son 20 euros tenemos que el libro genera unas ventas totales cercanas a los 10.000 euros. Si al autor le corresponde el 10% resulta que cabe esperar ganar mil euros por escribir un libro. No está nada mal pero creo que a más de uno se le va a hacer la recompensa algo escasa.
- Para un libro digital actualmente en la red hay mucha competencia para captar escritores por precio. Lo que se está pagando de promedio es un 70% del precio de venta que fija el autor. Esto quiere decir que si vedemos el *ebook* a 3 euros recibiremos unos royalties de 2,10 euros. Se puede afirmar que, prácticamente, se gana lo mismo o más que si vendemos un libro en papel. La diferencia importante es que en papel el comprador ha de pagar 20 euros por un libro mientras que en el formato digital sólo es necesario que pague 3 por lo mismo y el autor seguirá ganando lo mismo.

• **En cuanto a la distribución geográfica**: Si tenemos un editor del país para que nos publique un libro lo que hará será distribuirlo por el país. El alcance poblacional queda reducido a una determinada zona geográfica limitada por el potencial del editor. En el libro digital el alcance es mundial. La limitación no es de la geografía sino que pasa a ser del idioma en el que se haya escrito el libro. Y casi ni eso, ya que la evolución de los programas informáticos traductores van a ritmos muy acelerados. Yo estoy muy sorprendido. Veo en mis estadísticas como me compran *ebooks* en países para mí incomprensibles como el Japón, Australia, Canadá, Alemania o Francia cuando únicamente escribo en castellano y no soy conocido. Y es que vender un libro digital entraría dentro de lo anecdótico pero la realidad es que se venden más de uno y más de dos.

• **En cuanto a los derechos de propiedad intelectual**:

– Para editar un libro normal conviene hacer una tramitación legal tirando a compleja, o mejor dicho, burocrática. Un libro, hoy, para que pueda salir a la venta en la calle le hace falta tener: un ISBN (es como la matrícula identificativa del libro), un código de barras (para poder ser vendido en las librerías) y hacer lo que se conoce como el depósito legal que consiste en enviar un montón de libros a la Administración pública para que los archiven. Es como una especie de impuestos que se cargan sobre el libro. Tienen un coste inicial aproximado de unos 200 euros.

– Para editar un libro digital podemos gestionar, si nos interesa, lo que se conoce técnicamente como DRM (*Digital Rights Manegement*) o gestión de los derechos digitales. Es gratuito. Lo que se hace con ello es incluir al archivo, que se descarga en la venta, un código informático que no va a permitir que el comprador lo distribuya sin permiso del autor. Se suele encargar de ello la plataforma de venta que usemos. Muchas de ellas permiten que el autor lo configure a su antojo puesto que se trata de algo voluntario y no es obligatorio. Si se quiere incluir un DRM lo normal es que se tenga que decidir si queremos que el *ebook* vendido pueda prestarse entre amigos, si permitiremos que se imprima en la impresora o si se podrá replicar un determinado número de veces. Se puede solicitar un ISBN pero no lo suele exigir ninguna web de venta como imprescindible para permitir la publicación. Un interesante registro de propiedad intelectual gratuito que hay en Internet es Safe Creative (www.safecreative.org).

HACER TECA TECLEANDO

Para escribir un libro digital hay que utilizar un editor de textos normal y corriente. Hay que seguir una serie de criterios mínimos para la edición:

- Es básico que los contenidos escritos, imágenes, portada o lo que sea esté hecho por el autor.
- Conviene respetar en el texto los márgenes y las sangrías oportunas. Es bueno utilizar correctamente los títulos y subtítulos así como hacer un uso adecuado de la letra negrita, cursiva y subrayada.
- Hay que pasar el corrector del idioma en el que esté escrito el texto.
- Es recomendable utilizar los saltos de página para cada capítulo nuevo.
- Es importante utilizar una primera página del texto para el título, una segunda página para indicar los derechos, una tercera página para la dedicatoria y una cuarta página para el índice antes de lo que es el texto propiamente dicho.
- Es recomendable utilizar la función de marcas de texto. Como mínimo se recomienda marcar la posición de la portada, del índice y del inicio del texto. Permitirá al lector moverse con más rapidez a través del texto.
- Hay que procurar no abusar con el uso de los tipos de caracteres especiales ya que algunos de ellos pueden no ser admitidos o ser mal convertidos. En los procesos

de transformación que se hacen entre los diferentes formatos se suelen producir muchos problemas.

- Hay que tener en cuenta que las tablas o formatos de las imágenes también pueden dar problemas.
- Las bases de datos y las páginas hechas en XML, por regla general, no se pueden leer. En cambio, los documentos DOC, PDF y HTML sí.

Por término general, en el momento que decidimos con qué plataforma de venta trabajaremos lo mejor es bajarse la plantilla que facilitan para que el libro salga correctamente organizado y compaginado sin errores.

LA INSPIRACIÓN

Que los vientos de la inspiración revoloteen adecuadamente es algo que no es fácil que suceda. Cada uno usa su propia técnica. Yo ando con una libreta y un lápiz que me ayuda a recordar flashes o ideas. Voy anotando en ella lo que se me ocurre. Una vez tengo suficientes notas ya les doy una forma correcta. Y es que redactar es algo muy diferente a crear un guión. Normalmente, las mejores ideas me vienen justo al despertarme. Los expertos lo explican arguyendo que es el mejor momento del día en el que nuestro consciente se comunica mejor con nuestro subconsciente. Sea como sea, en mi caso es cuando mis pensamientos me fluyen mejor. Cada uno debe conocerse bien y utilizar las mejores horas del día para cada cosa.

Pienso que la inspiración puede nacer espontáneamente pero lo normal es alimentarla adecuadamente. Para ello, suele ir bien alguna de estas cosas:

• Leer mucho y sobre temas diversos despierta tu curiosidad y tu capacidad de reflexión. No sólo encontraras temas sobre los cuales escribir. Mientras más leas más aprenderás a redactar. Llegarás a crear un estilo propio. Lee las noticias. Lee sobre el tema del bloqueo que tienen muchos o todos los escritores. Aprender sobre los diferentes tipos de bloqueo ayuda mucho para resolver lo que te ocurre.

• Busca que cosas te inspiran. Para algunas personas es la música, para otros ver fotos, para otros dar un paseo por las calles o cualquier otra cosa vanal. Entretenerse leyendo blogs puede una muy buena forma para conocer el pulso del pensamiento actual de la calle.

• Toma tres copas de vino tinto. La historia cuenta que el gran sabio Gauss escribió sus mejores postulados matemáticos cuando estaba completamente borracho. Según parece, es otra ocasión en la que el consciente y el subconsciente se comunican muy bien.

• Consulta revistas o publicaciones especializadas sobre el tema que te interese.

• Usa Twitter. Puedes exponer las ideas que tengas y consultar a tus seguidores sobre el tema que les gustaría leer. Se trata de hacer que participen en la creación de un articulo. Conversar con ellos. Darles participación. Es realmente alucinante lo que puedes lograr gracias a la comunicación activa de la gente que te sigue. Hice, una vez, la pregunta en Twitter sobre qué hacer para inspirarse cuando no llega la inspiración para escribir. Muchos de ellos me respondieron que usan la música para relajarse, cerrar los ojos y pensar en qué escribir.

• Crea una cuenta en Google Reader y pon allí los RSS de tus blogs favoritos. Es una manera muy sencilla de leer y enterarte de las cosas nuevas.

• Piensa en los conocimientos que dominas. Escribe una guía explicando algunas de las cosas que sabes. "Cómo", "Cómo crear", "Cómo usar", "Cómo hacer", "Cuándo", "Por qué", etc.

• Escribe listas de cosas. Muchas veces esas listas pueden convertirse en un escrito. Otras veces son simples sugerencias para ti mismo. Listography es un sitio genial que puede ayudar .

• Ve al cine. Da un paseo. Ves a tomar un café. Mira a las personas e imagina como seria el mundo real escrito. Conversa. Sé sociable.

• Compra un cuaderno y llévalo siempre contigo. Escribe todo el tiempo las ideas que se te ocurran. Haz dibujos, garabatos, escribe palabras sueltas o crea titulos para posibles escritos.

• Organiza tu trabajo. Si tienes un horario para escribir y todos los materiales a mano es probable que todo fluya con más rapidez.

• Por último, si nada de esto funciona ves a la montaña o a la playa. Si esto no te hace escribir casi que no te dediques a escribir y hagas cualquier otra cosa.

LA AUTOPUBLICACIÓN

Escribir uno mismo un *ebook* y hacer una publicación en la red se conoce como autopublicación. Ya hay muchas páginas que permiten subir un libro digital para ponerlo a la venta. Es un sector muy nuevo. Puede evolucionar mucho en los próximos años. La autopublicación ya engloba hoy todas las diferentes posibilidades. Se puede escribir un libro para ser vendido en papel, en *ebook* o, incluso, para no ser vendido y comprarlo sólo nosotros. Es posible vender álbumes fotográficos digitales, vídeos en DVD o música en CD entre otros.

El problema del material autopublicado suele ser la calidad. Lo que se publica mediante una editorial tiene la garantía que hay detrás una corrección profesional. El material autogenerado no la tiene. Se está viviendo un fenómeno francamente curioso y es que la gente no le suele dar mucha importancia a esta delicada cuestión. Pienso que el precio inferior de lo autopublicado pesa más que lo que hay que pagar por tener profesionalidad en los materiales comprados.

PRINCIPALES PLATAFORMAS DONDE PODER AUTOPUBLICAR

Menciono las más importantes y que conozco que funcionan en lengua castellana y para España a día de hoy. Seguramente hay más y con el tiempo aumentará el número considerablemente. Es un sector que va a ir al alza en detrimento de las editoriales clásicas por los motivos evidentes que se han ido comentando.

• **KDP Amazon**. Hoy es el rey del sector. Venden lo que quieren y más. Si alguien se plantea vender ebooks sin ser conocido Amazon es capaz de vender lo que reciben para publicar sin problemas. Han anunciado que promoverán de una forma especial a los escritores noveles. Lo hagan o no ahora ya venden. El único problema es que suelen tardar un poco en arrancar las ventas. Es un mes o dos como mucho. Una vez el libro ya está listado a medida que pasa el tiempo se va posicionando en los primeros puestos de los ránkings. En Amazon ayuda mucho, aparte de las ventas, que la página del libro sea muy vista, recibir puntuaciones positivas y comentarios de los lectores. Cuando esto sucede las ventas aumentan de forma exponencial. Hay autores totalmente desconocidos que son escritores de libros electrónicos que reconocen tener de 500 a 1000 descargas mensuales de sus *ebooks* sólo en Amazon. Pienso que uno de los grandes secretos del éxito de ventas que tiene Amazon es que si tienes una web o un blog y haces propaganda de sus libros paga un 10% de comisión al que le ayuda a vender. Esto es muy atractivo para el mundo *blogger*. No hay que ser muy inteligente para comprender que esto hace que crezcan muy rápidamente gracias a la gran cantidad de tráfico externo que reciben. La descarga prioritaria que hacen es la que corresponde al formato de su lector Kindle aunque los ficheros descargables también se pueden leer con cualquier ordenador. Web: Amazon (http://kdp.amazon.com).

• **CreateSpace**. Es la plataforma de Amazon especializada para vender libros en formato papel, música y películas autogeneradas. Generan el ISBN y el código de barras gratuitamente. El sistema que tienen para recibir el material es muy profesional y de fácil uso. Tienen una interesantísima oferta para poder vender en todas las librerías de los Estados Unidos y aparecer en todos los listados y catálogos. Admiten todo tipo de material escrito en castellano sin problemas. Web: CreateSpace (https://www.createspace.com).

• **Bubok**. Yo hoy utilizo la plataforma de Bubok porque funciona bien para generar las portadas de los libros, por su servicio de gestión profesional de revisión de los contenidos y para tramitar la burocracia correspondiente si se desea tener una edición en papel. En cambio, no es una plataforma muy conocida y no vende muchos libros a no ser que uno mismo le mande visitas de los potenciales compradores. Aparte de vender libros normales en papel la descarga de *ebooks* que hacen es en el formato *ePub*. Web: Bubok (www.bubok.es).

• **Lulu**. Es una plataforma de los Estados Unidos. La utilizo porque está especializada en la descarga en formato PDF. Este formato se ha convertido en un standard mundial. Cualquier persona por poco informatizada que esté puede leer ficheros en este formato. Lulu hace un esfuerzo importante para que lo que se pueda descargar se pueda leer en los diferentes formatos de dispositivos lectores que existen en el mercado. Es un lugar que vende mucho en inglés mientras que en otros idiomas no tiene mucha venta. Es un punto de compra que interesa a los que no tienen lectores de *ebooks* y leen lo que compran directamente en el ordenador. Web: Lulu (http://www.lulu.com).

• **Google Libros**. Es el gigante dormido. Están en fase beta. A la que despierte es de esperar que arrase con su habitual potencial a la que nos tiene acostumbrados. Ahora la web que tienen la veo complicada de uso y son extremadamente lentos con toda la tramitación de un alta. Es de esperar que mejoren con el tiempo ya que suele ser una empresa receptiva de las posibles sugerencias que recibe. Tiene un mercado inicial potencial de venta alucinante …. Estados Unidos, Canadá, Europa, Japón, Australia, ….. El tráfico de compradores lo tienen más que asegurado. Ahora están arrancando el tema del *ebook* aunque no es descartable que entren en el tema del libro impreso con ganas o cualquier otra cosa a la que se les crucen los cables y se pongan a ello. Web: Google Libros (https://books.google.com/partner).

• **PayHip**. Una plataforma nueva en la que se pueden publicar de forma gratuita los ebooks. Lo que tiene de muy interesante es que es tremendamente sencilla y de muy fácil uso. Lo que sí es necesario es tener una cuenta en Paypal para poder cobrar las ventas. Web: PayHip (http://www.payhip.com).

PRINCIPALES PROBLEMAS DE LA AUTOEDICIÓN

Ya se ha comentado anteriormente que las diferentes plataformas ponen a disposición del autor una guía que permite, si se siguen todos los pasos, poner un *ebook*, un libro o cualquier otro material autogenerado a la venta. Más o menos todas son bastante parecidas con pequeñas diferencias. Lo que suelen pedir es que se facilite:

- Los datos generales como: título, autor, descripción, clasificación del contenido, palabras clave, ...
- Aportar el fichero de lo que se va a vender. Lo normal es que sea en formato DOC o PDF para los textos.
- Aportar el fichero de lo que es la portada, la contraportada y el lomo del libro. Lo normal es que sea en formato JPG. Caso de no disponer de ella suelen dar la posibilidad de escoger una portada tipo a escoger entre un grupo que ponen a libre disposición. Si la portada la hacemos nosotros es muy importante que tengan una buena calidad de imagen. En el mundo de la impresión la calidad mínima requerida suele ser de 300pp. Una calidad menor hará que la portada del libro una vez impresa se vea pixelada. Hay que tener en cuenta que la imagen tiene que ser grande con las dimensiones mínimas que sean requeridas y que la fotografía sea preferiblemente vertical.
- Decidir el tipo de encuadernación, tamaño del libro y calidad del papel.

- Indicar el precio de venta al público para cada tipo diferente de edición. Lo normal es que el precio del *ebook* descargable sea sensiblemente inferior al precio del libro impreso. Las plataformas suelen asignar unos precios mínimos para cubrir el gasto que supone la confección física del material o los gastos de envío. Para los escritores noveles y desconocidos se suele recomendar poner los precios más bajos posibles que permita la plataforma de venta.

Explicado todo lo expuesto anteriormente, enseguida se puede sospechar que los principales problemas a los que se enfrenta un autoeditor son aquellos que:

- Hay que tener unos conocimientos mínimos de informática en lo que se refiere al uso de los tratamientos de textos y de las instrucciones básicas del lenguaje de programación en HTML (páginas web).
- Hay que lidiar con los problemas que se generan al pasar de un formato a otro. Los documentos escritos en formato DOC suelen dar errores cuando se transforman al formato ePub casi siempre. Es interesante, para evitarlo, pasar el validador de errores *epubcheck* antes de dar el texto por correcto.
- Hay que tener unos conocimientos de tratamiento de imágenes básicos para la confección de las portadas, contraportadas y los lomos de los libros o *ebooks*.
- Tener extrema paciencia con las tareas de corrección de los textos. Es que se conoce como las galeradas.

- Plantearse la posibilidad de escribir o traducir en idiomas que sean mundialmente muy comerciales porque los conoce mucha gente.
- Mínimos conocimientos de marketing para autopromocionar el libro. De todos los temas mencionados, creo que es el que puede ser el más complicado de todos a resolver. De ello depende, en mayor parte, el éxito o el fracaso. Es en este punto donde, quizás, se eche de menos a un potente editor que sea capaz de ayudar a vender. Aunque de ello no estoy del todo convencido.

¿CÓMO HACER LA PROMOCIÓN?

Una vez hecho el libro y ponerlo a la venta queda el último paso: que se venda. Es un paso más importante de lo que parece. Los expertos hablan que conviene generar lo que se conoce como una **micromarca**. Algunas ideas interesantes para la promoción son:

• **Cuidar el aspecto general del libro**: Para que un libro digital se venda en Internet el comprador suele tener una serie de elementos básicos para tomar una decisión de compra:

- *La portada*: Es básico y fundamental. Una buena portada bien diseñada y que atraiga puede ser bastante definitiva.
- *El título*: Utilizar un título que enganche de alguna forma. Hay que procurar diferenciarse de los miles de títulos parecidos que hay en el mercado.
- *Generar suspense*: Para ello existen dos elementos clave. Por un lado, la redacción resumen descriptiva que se acompaña al libro debe ser atrayente. Por el otro, hay que tener en cuenta que la mayoría de plataformas van a mostrar gratuitamente un 10-20% del texto gratuitamente por lo que usar este inicio como gancho también puede acabar de convencer a más de un indeciso.
- *ISBN*: Darle al libro un punto de legalidad es más que recomendable a la que pueda ser posible.

• **Usar el libro como tablón de anuncios**: Pienso que tardaremos poco tiempo en ver libros con publicidad. Un recurso muy utilizado de siempre es promover otros libros al final de los textos. Ahora lo mejor que se puede hacer es añadir al final del libro un listado con otros libros del autor. Es una opción muy efectiva. Si un libro ha gustado es fácil que el lector acabe queriendo leer más del mismo autor. Para estos casos lo mejor es ponerlo fácil y aportar esta información.

Otro aspecto a tener en cuenta es que se pueden añadir enlaces de texto publicitarios. Por ejemplo, en un libro de recetas de cocina gratuito se pueden poner enlaces para que los lectores compren los ingredientes en nuestra tienda virtual.

• **Tener un blog o una web**: Cada plataforma hace una página visitable por Internet para cada libro. En esta página se le pone la información sobre el libro y se permite que se puedan hacer comentarios, recomendarlo en las redes sociales o puntuarlo. Son páginas que los buscadores suelen posicionar muy bien. Es muy recomendable hacer una web o un blog complementario. De lo que se trata es enviar el máximo número de visitas desde el blog o web hacia la página de venta del libro.

• **Hacer un vídeo promocional**: Puede que un ejemplo claro, conocido por todos de ello, es el de Aleix Saló. El chico es un jóven dibujante gráfico al que le costaba mucho darse a conocer o mostrar su talento. Con sus dibujos hizo el vídeo titulado: "*Españistán, de la burbuja inmobiliaria a la crisis*". Lo puso en Youtube. Se convirtió en lo que se conoce como un vídeo viral, es decir, que se propaga a una velocidad meteórica por la red gracias a que la gente lo recomienda a sus amigos y conocidos. Aprovechando el tirón del vídeo Aleix puso el cómic, que correspondía al vídeo, en venta en Amazon. El cómic ha estado durante muchas semanas en el rànking número 1 de descargas vendidas. Después del éxito en Internet fueron las editoriales las que lo buscaron para hacer contratos. También le han llegado interesantes ofertas profesionales.

• **Hacer una presentación**. Quizás hacer un video promocional no está al alcance de muchos pero suele ser mucho más fácil hacer una sencilla presentación en un PowerPoint. El mejor canal para publicarlo porque generan muchas visitas hoy es Slideshare (http://www.slideshare.net).

• **Promocionarse en las redes sociales**: Ser sociable vende. Utilizar nuestra red de amigos, familiares, conocidos, seguidores y fans es lo primero que hay que hacer. Cuanto mayor sea nuestra red inicial mayor puede ser el arranque de ventas. Más información: Beneficios rápidos de las redes sociales (http://www.compraventa-dominios.com/?p=797).

• **Utilizar herramientas de promoción de pago de Internet**: En la red está lleno de diferentes posibilidades para hacer una promoción de pago. Como ya se ha comentado Amazon paga el 10% del precio de venta del libro para remunerar a todo aquel que le ayude a vender. También en casi todas las plataformas hay packs de promoción de pago, por ejemplo, en Lulu, CreateSpace o Bubok. Una opción que funciona relativamente bien es la función de Adwords de Google que consiste en pagar por cada visita que envía a una página de venta de alguno de los libros. En este último caso hay que calcular bien lo que se paga con lo que realmente se vende con esta promoción. Como criterio general hay que tener mucho cuidado con los pagos de promociones ya que en la mayoría de los casos no recuperaremos nunca ni tan siquiera el dinero abonado.

• **Permitir el préstamo del libro**: Esto es que un amigo pueda dejar el libro a otro amigo. Lo normal es que el préstamo sea por un tiempo determinado o se limita la cantidad de veces que se puede prestar el libro. Está bastante demostrado que si el libro gusta se acaban comprando más libros. Esta función suele ser configurable en el momento de subir el libro digital en algunas de las plataformas de venta.

• **Mostrar un fragmento inicial del contenido**: Cada plataforma es diferente en este aspecto. Amazon muestra el primer 10% del contenido. Google, en su programa de vista previa, pone por defecto el 20% inicial, añade sus anuncios típicos y paga por ello. Bubok permite indicar las páginas que queremos que sean mostradas. La información mínima a mostrar suele ser el índice. Hay para todos los gustos y parece que, efectivamente, suele ser un buen remate para que una venta de lleve a cabo.

• **Dar el libro de forma gratuita**: Es un planteamiento que vale la pena reflexionarlo bien. Las páginas de descargas gratuitas legales suelen tener mucho tráfico de buenos lectores. Si lo regalamos se pueden conseguir fácilmente de 10 a 20.000 descargas mientras que si cobramos por ello conseguiremos como mucho 1.000 en el mismo tiempo. El secreto de la ganancia de la descarga gratuita suele estar en que se conseguirán ganancias indirectas fruto de la publicidad conseguida. Los autores explican que la ganancia indirecta más habitual es que se promueve un determinado servicio profesional, se imparten conferencias o se cobra por dar entrevistas. Otras alternativas de ganancias posibles pueden ser: añadir enlaces en el texto, ofrecer un texto abreviado con respecto al completo o promocionar otros libros del autor del mismo tema o categoría. Las plataformas gratuitas suelen ofrecer la posibilidad de tener también ganancias directas tales como los microdonativos o el ganar dinero de la publicidad que rodea la información del libro. Webs: Librear (http://www.librear.com) y Free eBooks (http://www.free-ebooks.net).

Amazon también permite regalar la descarga del libro y se puede hacer durante un tiempo determinado. Lo que tiene de interesante es que los libros regalados cuentan como ventas. De esta forma, el libro arranca con un buen posicionamiento inicial dentro del ránking de ventas de Amazon.

• **No olvidar los medios tradicionales**: Evidentemente. Siempre han sido y serán generadores de información que mueven masas y, consecuentemente, potenciales compradores. Lo primero que hay que plantearse, en este grupo, es hacer notas de prensa. Darse a conocer en periódicos y revistas especializadas del mismo tema que el libro suele ser el segundo paso. Tampoco hay que descartar regalar estratégicamente algunos libros a lugares concurridos de gente como podrían ser las bibliotecas o las universidades. Dar entrevistas, conferencias o aparecer en televisión puede marcar una diferencia abismal entre un antes y un después.

• **Participar en concursos y premios literarios**: Es un camino muy usado por los escritores noveles que precisan un empujón para ser conocidos. Es una promoción basada en la calidad de su producción. Dejando aparte los grandes premios, hay una gran cantidad de certámenes y convocatorias de todo tipo en la que se puede participar con unas altas garantías de éxito. Ver el listado actualizado de convocatorias de concursos, premios y certámenes literarios en Escritores (http://www.escritores.org).

• **No olvidar nunca la solidaridad entre los autores**. Es algo que no suele generar muchos beneficios directos pero las ideas sí que pueden acabar siendo, de forma indirecta, muy rentables.

MÁS INFORMACIÓN

• **Escritores**: Una buena web donde encontrar una buena información con recursos para escritores: agentes literarios, editoriales, becas, concursos y orientación legal. Permiten que se aporten los datos de un libro para anunciarlo en su sistema. Web: Escritores (www.escritores.org).

• **Compraventa de dominios**: Es una buena web en la que hay una gran cantidad de artículos explicativos para lo que es la promoción del blog y la web personal. Aunque los artículos están muy enfocados a la promoción en Internet de una web hay que tener en cuenta que la promoción de un *ebook* tiene aspectos bastante parecidos. Web: Compraventa dominios (www.compraventa-dominios.com).

OTROS LIBROS DEL AUTOR

• **Tema**: Montañismo y senderismo.
• **Información**: http://www.posets.com/blog/?page_id=3216

• **Tema**: Economía y finanzas.
•   **Información**:   http://www.kritika-al-sistema.com/?page_id=1880

• **Tema**: Internet y páginas web o blogs.
•   **Información**:   http://www.compraventa-dominios.com/?p=797

• **Tema**: Cartografía y topografía.
• **Información**: http://www.hyparion.com/?page_id=868

• **Tema**: Autoayuda.
• **Información**: http://www.posets.com/blog/?page_id=3216

• **Tema**: Erotismo y sexología.
• **Información**: http://www.cuentos-x.com/?page_id=1680

www.ingramcontent.com/pod-product-compliance
Lightning Source LLC
Chambersburg PA
CBHW060013300526

45794CB00003B/1186